Il était une fois...
ou pas

© 2021, Élisa Bligny-Guicheteau
www.elisa-autrice.com

Illustration couverture : Amé & Abe

ISBN 978-2-3223884-2-4

Élisa Bligny-Guicheteau

Il était une fois ou pas...

Pièce pour enfants

SYNOPSIS

En apportant des provisions à sa grand-mère, le Petit Chaperon rouge s'égare dans la forêt où elle rencontre Blanche-Neige. Là, elle apprend que chaque histoire a son méchant. Avec l'aide des héros des contes et des légendes, elle tentera de sauver sa grand-mère des griffes du Loup. Et si le méchant n'était finalement pas celui que l'on croyait ?

LES LIEUX

Une forêt, le château de la méchante reine, le château du roi Arthur, un palais des Mille et Une Nuits et une clairière, près de la maison de la grand-mère du Petit Chaperon rouge

Les Personnages

Certains rôles peuvent être joués par le même comédien.

Chaperon rouge
La petite sœur
Blanche-Neige
Le narrateur / le Loup
Régina, la méchante reine
La sorcière (d'Hansel et Gretel)
Le miroir
Le roi Arthur
2 chevaliers
Merlin, l'enchanteur
Guenièvre
Bertille, la servante
La fée Morgane
Le génie
Aladdin
Jasmine
Grand-mère

*« On sait bien que les contes de fées,
c'est la seule vérité de la vie. »*

Antoine de Saint-Exupéry

ACTE 1

Les personnages sont en avant-scène. La mère tient un sac.

Scène 1
Narrateur, Chaperon rouge, sa petite sœur, la mère

NARRATEUR. – Il était une fois une petite fille, aimée de tous ceux qui la voyaient, mais surtout de sa grand-mère, qui ne savait rien lui refuser. Celle-ci lui fit présent d'un petit chaperon de velours rouge, et, comme il lui allait très bien et qu'elle ne s'habillait plus autrement, on l'appela le Petit Chaperon rouge.

CHAPERON ROUGE *(interrompant le narrateur)*. – Euh, pardon, il ne pourrait pas être bleu le chaperon, je préfère le bleu.

PETITE SŒUR *(qui porte un chaperon bleu)*. – Moi aussi ! moi aussi !

CHAPERON ROUGE. – Oui, mais toi, tu en portes déjà un de bleu…

NARRATEUR. – Silence, enfin… Je reprends. Un jour sa mère lui demanda d'apporter des livres et des chocolats à sa grand-mère malade.

CHAPERON ROUGE *(interrompant à nouveau le narrateur)*. – Et puis je ne suis pas une petite fille. Je suis une jeune fille.

PETITE SŒUR. – Moi aussi ! moi aussi !

CHAPERON ROUGE. – Maman, dis-lui de se taire.

MÈRE. – Sois gentille avec ta petite sœur, il est normal qu'elle veuille te ressembler.

PETITE SŒUR. – Na ! t'entends ce que dit Maman ?

NARRATEUR. – Ça suffit, maintenant. Où en étais-je ? Ah ! oui : la grand-mère de Chaperon « rouge » *(en insistant sur rouge)* habitait dans le village voisin, à l'orée de la forêt.

MÈRE. – Surtout, tu restes bien sur le sentier, et tu fais bien attention à ta sœur.

CHAPERON ROUGE. – Ma sœur ? Mais, mais… elle ne vient pas !

MÈRE. – Si, elle aussi doit aller voir sa grand-mère.

PETITE SŒUR. – Moi aussi ! moi aussi ! je veux voir grand-mère !

NARRATEUR. – Alors là, stop ! Il n'est pas question de petite sœur dans l'histoire…

CHAPERON ROUGE. – Ah ! tu vois Maman…

MÈRE. – Et moi, je te dis que tu emmènes ta sœur. Ça vous pose un problème, le narrateur ? *(Ce dernier fait non de la tête)* Et ne t'aventure pas dans la forêt pour cueillir des fleurs ou observer les insectes. Tu pourrais te perdre.

CHAPERON ROUGE. – Ne t'inquiète donc pas, Maman. Ce n'est pas la première fois que je vais chez mamie.

MÈRE. – Je suis sérieuse. Cette forêt est habitée par de vilaines sorcières, des génies malfaisants et, surtout, un grand et méchant loup qui mange les enfants.

PETITE SŒUR. – Moi aussi ! moi aussi ! j'ai peur du loup !

NARRATEUR. – Eh ! mais c'est moi qui devais parler du Grand Méchant Loup.

CHAPERON ROUGE. – Maman, les loups ne mangent pas les enfants. Et les sorcières n'existent pas. Ça ne marche pas avec moi, ces histoires.

MÈRE. – Ce ne sont pas des histoires.

PETITE SŒUR. – Moi j'aime bien les histoires, hein, Maman ?

MÈRE *(elle lui donne le sac)*. – Tiens, prends ces livres pour ta grand-mère et promets-moi de ne pas t'éloigner du sentier et de surveiller ta sœur.

CHAPERON ROUGE *(elle prend le sac)*. – Oui, oui. *(À sa sœur)* Allez viens !

PETITE SŒUR. – Moi aussi ! moi aussi ! je veux un sac ! *Elles sortent.*

NARRATEUR. – Je reprends, et merci de ne pas m'interrompre. Il était une fois une petite fille, aimée de tous ceux qui la voyaient, mais surtout de sa grand-mère, qui ne savait rien lui refuser. Celle-ci lui fit présent d'un petit chaperon de velours rouge…

Le narrateur sort. Seules restent Chaperon rouge et sa petite sœur.

CHAPERON ROUGE. – Bon, tu me suis et tu m'écoutes, d'accord ?

PETITE SŒUR. – J'écoute.

CHAPERON ROUGE. – Tu écoutes quoi ?

PETITE SŒUR. – Bah ! Tu m'as dit de t'écouter… Alors j'écoute.

CHAPERON ROUGE. – Non, mais là j'ai rien dit.

PETITE SŒUR. – Bah, si tu parles pour ne rien dire…

CHAPERON ROUGE. – Oh ! tu m'énerves !

La petite sœur traîne derrière.

CHAPERON ROUGE *(en prenant un air de conspiratrice)*. – On est près de la maison… si je la perdais là, elle retrouverait sûrement son chemin et moi je serais tranquille. *(Tout haut, à sa sœur :)* Si on cueillait quelques fleurs pour grand-mère, ça lui ferait plaisir.

PETITE SŒUR. – Moi aussi ! moi aussi ! je veux ramasser des fleurs !

Tandis qu'elles cueillent des fleurs, Chaperon rouge s'esquive discrètement.

PETITE SŒUR. – Chaperon t'es où ? Eh ! oh ! Chaperon ! C'est pas drôle.

La petite sœur sort, tout en continuant d'appeler.

ଔ *Le loup est-il le méchant de l'histoire ?* ଔ

ACTE 2

Dans la forêt.

Scène 1
Blanche-Neige, Chaperon rouge

CHAPERON ROUGE. – Un loup qui mange les enfants. N'importe quoi ! *(Elle commence à se baisser pour cueillir des fleurs.)* Pourquoi pas un ogre vert qui dévore les petites filles ? J'espère que ma sœur a retrouvé le chemin de la maison, sinon je vais me faire drôlement disputer. *Elle aperçoit Blanche-Neige, se dirige vers elle.*

BLANCHE-NEIGE. – Bonjour.

CHAPERON ROUGE. – Bonjour.

BLANCHE-NEIGE. – On m'appelle Blanche-Neige, et toi ?

CHAPERON ROUGE. – Je suis le Chaperon rouge qui aurait bien aimé être bleu. Que fais-tu assise, toute seule dans la forêt ?

BLANCHE-NEIGE. – Moi ? J'attends le prince charmant.

CHAPERON ROUGE. – Le quoi ?

BLANCHE-NEIGE. – Le prince charmant, sur son cheval blanc.

CHAPERON ROUGE. – Pourquoi blanc ?

BLANCHE-NEIGE. – Je ne sais pas, parce que ça rime avec charmant.

CHAPERON ROUGE. – Un prince charmant sur un cheval blanc, quel drôle d'idée !

BLANCHE-NEIGE. – Et il m'emmènera loin de ma méchante belle-mère. Et toi, que fais-tu ici ?

CHAPERON ROUGE. – Je vais rendre visite à ma grand-mère. Pourquoi dis-tu qu'elle est méchante, ta belle-mère ?

BLANCHE-NEIGE. – Elle me déteste et me punit sans cesse. C'est comme ça, il y a toujours des méchants dans une histoire. Tu en as un, toi aussi.

CHAPERON ROUGE. – Un quoi ?

BLANCHE-NEIGE. – Eh bien, un méchant dans ton histoire.

CHAPERON ROUGE. – Je n'ai pas de méchant, ni d'histoire, d'ailleurs.

BLANCHE-NEIGE. – Mais si, on en a tous. Tout à l'heure, tu parlais d'un loup. C'est peut-être lui, ton méchant.

CHAPERON ROUGE. – Mais non, les loups ne sont pas méchants. C'est une fable.

BLANCHE-NEIGE. – Détrompe-toi, Chaperon, ils ne dévorent pas que les agneaux. Tu devrais te méfier et ne pas t'approcher de la forêt.

CHAPERON ROUGE. – Mais il faut bien que je rende visite à ma grand-mère, elle est malade et toute seule. Et pour aller chez elle, je dois longer ce bois.

BLANCHE-NEIGE. – J'y pense, c'est peut-être ta grand-mère, que le Loup va manger. Tu ferais mieux de la prévenir.

CHAPERON ROUGE. – Écoute, Blanche-Neige, tout ça, c'est bien gentil, mais je ne suis pas si naïve. Il en faut davantage pour m'effrayer qu'une histoire de loup !

BLANCHE-NEIGE. – Tu as tort, crois-moi. *(Elle marque une pause, regarde à droite et à gauche.)* Je crois que le prince charmant ne viendra pas aujourd'hui.

CHAPERON ROUGE. – Il s'est peut-être fait manger par le Loup … Mais non, je blague !

BLANCHE-NEIGE. – Ce n'est pas drôle. Je vais rentrer maintenant, sinon mon affreuse belle-mère va encore se fâcher après moi. Adieu. *(Elle sort de scène.)*

CHAPERON ROUGE. – Des loups, des princes charmants, de méchantes belles-mères… Elle n'a pas toute sa tête, cette Blanche-Neige ! *(Elle marche, va à droite, puis à gauche.)* Mince, il est où, ce sentier ? *(Elle va à droite, puis à gauche.)* Aïe ! je crois que je suis un peu perdue…

Rideau.

ACTE 3

Dans la salle du château de la reine.

Scène 1
La reine, une servante, le miroir (un enfant avec un costume de miroir).
Le rideau s'ouvre, une servante aide la reine à finir de s'habiller.

REINE. – Attention, tu me pinces.

SERVANTE. – Pardon, ma reine.

REINE. – Aïe ! espèce de maladroite !

SERVANTE. – Pardon, ma reine.

REINE. – C'est bon, il suffit. Donne-moi ma brosse.

SERVANTE *(tendant la brosse, en tremblant)*. – Voi… voi… voilà, ma reine. Voulez-vous que j'arrange vos cheveux ?

REINE *(lui arrache des mains)*. – Certainement pas ! Va donc me chercher mon miroir. *(La servante sort.)* Quelle fille stupide, et vilaine de surcroît !

La reine commence à se coiffer tandis qu'entre la servante, suivie du miroir.

REINE. – Ah ! miroir ! Te voilà enfin ! Où te cachais-tu ?

MIROIR *(en s'inclinant).* – Nulle part, Majesté. J'étais aux commodités.

REINE *(en haussant les épaules).* – Aux commodités ! *(À la servante)* Eh bien ! que fais-tu plantée là, idiote ? Tu peux disposer. *(La servante s'incline et sort.)* Elle est vraiment laide, tu ne trouves pas, miroir.

Le miroir, occupé à trouver une place où s'installer, ne répond pas.

REINE. – Eh bien ! miroir ? Je te parle.

MIROIR. – Euh… oui… *(Avec un phrasé lent et cérémonieux.)* De toutes les reines, ô ! ma reine, tu es…

REINE. – Silence, idiot ! Je ne t'ai point fait de demande encore. Bien. *(Elle marche avec grâce et le miroir la suit).* Miroir, miroir en bois d'ébène… Cesse donc de bouger. *(Elle prend la pause devant son reflet.)* Miroir, miroir en bois d'ébène, dis-moi que je suis la plus belle.

MIROIR. – En cherchant à la ronde, dans le vaste monde, on ne trouve pas plus belle que vous.

Scène 2
La reine, une servante, le miroir et la sorcière.
La servante entre, suivie de la sorcière d'Hansel et Gretel, fait une révérence et sort.

SORCIÈRE. – Encore en train de te mirer… Tu es trop coquette, Régina.

REINE. – Et toi, toujours aussi mal habillée. *(Elles s'embrassent de loin).* Quel mauvais vent t'amène ?

SORCIÈRE. – Un vent chargé de pluie et de tempête. Depuis une semaine, les orages se sont abattus sur le royaume.

REINE *(au miroir).* – Toi, va te nettoyer. Tu ne brilles pas assez pour refléter ma magnificence. *Le miroir sort. (À la sorcière)* Tu disais ?

SORCIÈRE. – Le toit de ma maison est tout mou, les fenêtres sont toutes collées et la porte… emportée par une bourrasque.

REINE. – Il ne fallait pas construire ta demeure en gâteaux et sucreries.

SORCIÈRE. – Mais c'est le meilleur moyen pour attirer les enfants gourmands.

REINE. – Les enfants sont tous gourmands, gros et laids. Et ils se plaignent sans cesse. Je déteste les enfants !

SORCIÈRE. – Dans un bon bouillon épicé, c'est très goûtu. *Elles rient toutes deux.*

REINE. – J'ai déjà fort à faire avec mon affreuse belle-fille, Blanche-Neige, pour me préoccuper de tes problèmes.

SORCIÈRE. – Elle est bien jolie, cette enfant, et légèrement dodue… Oups ! désolée, Régina.

REINE. – Jolie ? Cette souillonne ? Cette hideuse grenouille. Je suis la plus belle d'entre les belles. Miroir, miroir ? Où es-tu ? *Elle sort.*

Scène 3
La sorcière, Chaperon rouge, Blanche-Neige
Chaperon rouge entre en scène.

CHAPERON ROUGE. – Bonjour, Madame.

SORCIÈRE. – Bonjour, mon enfant.

CHAPERON ROUGE. – Je crains de m'être égarée. Je suivais un chemin dans la forêt et je me suis retrouvée devant ce château…

SORCIÈRE. – Égarée ? Ma pauvre petite… *(Elle se frotte les mains.)* Tu dois avoir faim.

CHAPERON ROUGE. – Non, ça va.

SORCIÈRE *(elle lui tend une coupe avec des biscuits)*. – Prends donc un gâteau.

CHAPERON ROUGE. – Non merci, je n'ai pas faim.

SORCIÈRE. – Mais si, voyons, tu as faim. Les enfants ont toujours faim.

CHAPERON ROUGE. – Pas moi.

SORCIÈRE. – Un bonbon, alors.

CHAPERON ROUGE. – Non, merci. Je n'aime pas les bonbons.

SORCIÈRE. – C'est bien ma veine.

Blanche-Neige entre en scène.

SORCIÈRE. – Ah ! Blanche-Neige ! Et toi ? tu ne veux pas un bonbon ou un gâteau ?

BLANCHE-NEIGE. – Merci, c'est gentil. *(Elle prend un biscuit.)* Je suis tellement triste que je pourrais dévorer un château en gâteau.

La sorcière se frotte les mains et le ventre.

CHAPERON ROUGE. – Salut, Blanche ! Tu habites cette belle maison ?

BLANCHE-NEIGE. – Oui. Et toi ? que fais-tu ici ? Tu n'es pas chez ta grand-mère ?

CHAPERON ROUGE. – Je me suis un peu perdue.

SORCIÈRE *(elle met les gâteaux sous le nez de Chaperon rouge)*. – Et elle est tout affamée, n'est-ce pas, mon enfant ?

CHAPERON ROUGE *(repoussant les gâteaux)*. – Mais non, je n'ai pas faim à la fin. *(À Blanche)* Pourquoi es-tu triste ? À cause de ta belle-mère ?

BLANCHE-NEIGE. – Non, c'est parce que je n'ai toujours pas trouvé mon prince charmant.

SORCIÈRE. – Tiens ! Blanche, mange encore un peu, tu es toute pâle.

BLANCHE-NEIGE. – Non, sinon je deviendrai grasse et le prince ira en charmer une autre.

SORCIÈRE. – Mais non, mais non, tu n'en seras que meilleure, euh… plus belle, je voulais dire.

Scène 4
La sorcière, Chaperon rouge, Blanche-Neige (qui se cache par la suite), la reine, le miroir
Le miroir entre en scène.

MIROIR. – Oh ! là, là… La reine me cherche.

REINE *(on entend la voix en coulisse.)* – Où est cet idiot de miroir ?

BLANCHE-NEIGE. – Mon Dieu ! ma belle-mère ! Je me sauve. *Elle sort, puis rentre discrètement et se cache sans que personne ne la voie.*

CHAPERON ROUGE. – Ce n'est pas que je m'ennuie, mais il faut vraiment que j'aille chez ma grand-mère. Elle risque de s'inquiéter.

La reine entre en scène.

REINE. – Qui ose parler de grand-mère, en ma présence ?

CHAPERON ROUGE. – Moi, Madame.

REINE. – Toi ? Et qui es-tu, misérable créature ?

CHAPERON ROUGE. – Le Chaperon rouge, qui aurait bien aimé être bleu, et je ne suis pas une créature, mais une jeune fille !

La sorcière fait signe à Chaperon rouge de se taire, tandis que le miroir cherche à se cacher.

SORCIÈRE *(stoppant la reine).* – Régina, arrête de t'énerver, tu vas te décoiffer. Miroir, dis-lui !

MIROIR. – Euh… faites comme si je n'étais pas là.

REINE. – Tu as raison *(tout en se recoiffant).* Miroir, approche. Miroir, miroir en bois d'ébène, dis-moi que je suis la plus belle.

MIROIR. – Euh… pardon. Vous pouvez répéter la question ?

CHAPERON ROUGE. – Et moi alors, je fais comment pour retrouver mon chemin ?

REINE *(étonnée).* – Miroir en bois d'ébène, dis-moi que je suis la plus belle !

MIROIR. – Oui, euh… techniquement, oui.

REINE *(menaçante).* – Tu me le dis ou pas ?

MIROIR *(sur un ton hésitant).* – En cherchant à la ronde… *Il marque une pause.*

REINE. – Oui…

MIROIR. – Dans le vaste monde…

REINE. – J'attends.

MIROIR. – On trouve… plus belle que vous.

REINE. – Bien… *(Réalisant les propos du miroir.)* Quoi ? Plus belle que moi ! Qui ? *(Elle secoue le miroir.)* Qui ?

MIROIR. – Blanche-Neige.

REINE. – Ah ! cet immonde crapaud, cette enfant répugnante. Sorcière, il faut absolument que tu m'en débarrasses, sur-le-champ.

SORCIÈRE. – Tes désirs sont des ordres.

REINE. – Tu peux inviter tes amis ce soir, vous aurez de la chair fraîche pour le dîner.

Elles sortent toutes les deux.

CHAPERON ROUGE. – Attendez ! Et moi ? Manger de la chair fraîche ? Elle ne compte pas…

BLANCHE-NEIGE *(sortant de sa cachette).* – Hélas si, je crains que la sorcière fasse de moi son plat principal.

CHAPERON ROUGE. – Tu as tout entendu ?

BLANCHE-NEIGE. – Oui, et je dois m'enfuir.

MIROIR. – Je suis désolé, mais je ne sais pas mentir.

BLANCHE-NEIGE. – Je sais miroir, je ne t'en veux pas. *(À chaperon.)* Je peux venir avec toi chez ta grand-mère ?

CHAPERON ROUGE. – Bien sûr, je ne vais pas t'abandonner ici. Il faut juste que je retrouve mon chemin.

BLANCHE-NEIGE. – Ne t'inquiète pas, je connais bien la forêt.

CHAPERON ROUGE. – Eh bien, allons-y !

BLANCHE-NEIGE. – Dis, chaperon, elle ne connaîtrait pas un prince charmant, ta grand-mère, par hasard ?

Elles sortent. Le rideau se ferme complètement.

ACTE 4

En avant-scène, devant le rideau fermé.

Scène 1
Blanche-Neige et Chaperon rouge

CHAPERON ROUGE. – Dis, elle est vraiment horrible, ta belle-mère.

BLANCHE-NEIGE. –Je te l'avais dit.

CHAPERON ROUGE. – Et je ne pensais pas que les sorcières existaient.

BLANCHE-NEIGE *(tout bas)*. – Ce chemin-là… ou bien l'autre ?

CHAPERON ROUGE. – Tu penses que le Loup est le méchant dans mon histoire et qu'il pourrait s'en prendre à moi.

BLANCHE-NEIGE. – C'est probable. *(Pour elle-même)* Ou alors par là… Ah ! c'est énervant tous ces arbres qui se ressemblent !

CHAPERON ROUGE. – Ou pire, il pourrait rôder du côté de chez ma grand-mère, attendre qu'elle sorte et la dévorer.

BLANCHE-NEIGE. – C'est possible…

CHAPERON ROUGE. – Ou encore se déguiser en dragon et cracher des flammes de 2 mètres de haut !

BLANCHE-NEIGE. – C'est certain.

CHAPERON ROUGE. – Blanche, tu ne m'écoutes pas. Je suis sérieuse. Je commence à avoir peur.

BLANCHE-NEIGE. – Et moi, je cherche le sentier.

CHAPERON ROUGE. – On est perdues ?

BLANCHE-NEIGE. – Non… Enfin… Prenons par-là, viens ! *Elles sortent de scène.*

Scène 2
Le Loup

LE LOUP. – Il me semble avoir entendu des voix *(il renifle)* et ça sent la chair fraîche. *(Il sort des cailloux de sa poche.)* Ce n'est pas le moment de se perdre, si je ne veux pas mourir de faim. *(En voyant le public.)* Ah ! vous êtes là ! Je ne vous avais pas vus. *(Bombant le torse.)* Je suis le Grand Méchant Loup, celui qui mange les enfants et les grands-mères, enfin plutôt les enfants... Je n'aime pas la viande trop vieille... Je ne la digère pas... Ça me donne des gaz... Bon, c'est pas tout ça, mais je dois suivre la piste... *(Il hume l'air, puis sort des cailloux de sa poche.)* Et comme je n'ai aucun sens de l'orientation, il vaut mieux que je sème des cailloux pour retrouver mon chemin, au cas où... *Il sort.*

Scène 3
La petite sœur

PETITE SŒUR. – Chaperon ? Chaperon ? Tu es où ? Ce n'est pas drôle. *(Elle regarde par terre.)* Tiens ! des cailloux ! C'est peut-être Chaperon qui les a laissés pour que je la retrouve. Je vais les suivre. *Elle sort.*

Scène 4
Régina et la sorcière

RÉGINA. – Il nous faut absolument retrouver cette petite PESTE !

SORCIÈRE. – D'autant que j'ai déjà lancé les invitations pour le dîner. Je vais avoir l'air ridicule si je n'ai rien à servir.

RÉGINA. – Et moi donc ! si on apprend que cette horrible souillonne est plus belle que moi !

SORCIÈRE *(en aparté)*. – Souillonne, souillonne… toutes les souillonnes aimeraient bien être jolies comme Blanche-Neige !

RÉGINA. – Qu'est-ce que tu marmonnes ?

SORCIÈRE. – Rien, rien, Régina. Suivons plutôt ce sentier. Je pense qu'elles ont dû passer par là. *Elles sortent de scène.*

ACTE 5

Dans la salle du château du roi Arthur.

Scène 1
La reine Guenièvre, Bertille la servante, Merlin l'enchanteur
Guenièvre est en train de sculpter une pièce en bois tandis que Merlin, assis, lit.

GUENIÈVRE *(à la servante).* – Donne-moi le maillet, Bertille.

BERTILLE. – Bien madame.

MERLIN *(sans lever les yeux du livre).* – Attention de ne pas vous blesser avec cet outil.

GUENIÈVRE. – Sois tranquille, Merlin. Ce n'est pas la première fois. J'ai l'habitude.

MERLIN. – Une fort mauvaise habitude, si vous voulez mon avis, et qui n'est pas digne d'une femme.

GUENIÈVRE. – Alors, heureusement que je ne te demande pas ton avis ! *(À Bertille.)* As-tu des nouvelles du bûcheron, pour ma livraison de bois ?

BERTILLE. – Non, Madame, mais l'apprenti du menuisier est venu demander quand son maître sera payé pour la table.

GUENIÈVRE. – Il sera payé quand le roi reviendra. C'est lui qui a commandé cette table *(elle désigne le meuble),* pas moi.

MERLIN. – Oui, et quand le roi sera de retour, il n'appréciera pas du tout votre nouvelle lubie.

GUENIÈVRE. – Ça m'est bien égal. Est-ce qu'il me demande mon avis pour organiser ses stupides tournois ?

BERTILLE. – C'est qu'il est le roi, Madame.

GUENIÈVRE. – Et alors, je suis la reine, non ?

MERLIN. – Bertille a raison : un roi, c'est un roi, et une reine, c'est une reine, et ce n'est pas la même chose.

GUENIÈVRE. – Ce n'est pas la peine de se prétendre le magicien le plus puissant du royaume pour énoncer de telles évidences.

MERLIN. – Vos obligations et vos devoirs ne sont pas les mêmes. Et je ne pense pas que la sculpture soit une saine occupation pour une souveraine.

BERTILLE. – Pt'ête que la tapisserie, ça plairait mieux au roi.

GUENIÈVRE *(tout en faisant mine de broder)*. – Et je devrais rester là, assise, pendant qu'Arthur irait s'amuser avec ses chevaliers. Il est temps que cela change !

MERLIN. – Mais il ne va pas s'amuser, ma reine, il poursuit une quête. *(En prenant une voix grave et théâtrale :)* Celle du Graal !

GUENIÈVRE. – Cette vieille coupe est juste une excuse pour partir à l'aventure.

MERLIN. – C'est une quête divine que seul un preux chevalier peut accomplir.

GUENIÈVRE. – Une quête divine… C'est bien commode comme excuse. Tu es bien naïf, Merlin, ou alors tu commences à te faire vieux. *(À Bertille.)* Va ranger mes outils, vous m'avez fait passer l'envie de sculpter, avec vos sornettes ! *Bertille prend les outils et sort.*

Scène 2
La reine Guenièvre, Merlin l'enchanteur, Morgane la fée
Morgane entre en scène et croise Bertille qui sort et manque de la bousculer.

MORGANE *(en repoussant Bertille)*. – Écarte-toi, devant la fée parmi les fées.

MERLIN *(en aparté).* – Plutôt, sorcière parmi les sorcières.

MORGANE. – Majesté, je suis venue vous annoncer mon départ…

MERLIN *(en se frottant les mains, ravi).* – Quelle triste nouvelle ! Loin ?

MORGANE. – Je me rends par-delà les mers et les montagnes afin de rencontrer les magiciens d'Orient et m'initier à leurs rites.

GUENIÈVRE. – Et voilà ! Encore une qui part à l'aventure pendant que je me morfonds dans ce château sinistre !

MERLIN *(se dirige vers la sortie).* – Ce n'est pas que je m'ennuie, mais j'ai des grimoires à consulter… *Merlin sort.*

MORGANE. – La bonne excuse pour aller faire la sieste. Normal, à son âge !

GUENIÈVRE. – Tu exagères, Morgane. Il n'est pas si vieux. Il a à peine… *(Elle compte sur ses doigts)*… 150 ans ! *Elles rient.*

Scène 3
Morgane, Guenièvre, Arthur, Galaad, Lancelot
On entend une musique épique, puis Arthur et les chevaliers entrent en scène.

GUENIÈVRE. – Ah ! vous voilà enfin, Arthur ! Et ce Graal ?

ARTHUR. – Ne commencez pas Guenièvre, je ne suis pas d'humeur.

MORGANE. – C'est vrai, Guenièvre, laisse donc ces preux chevaliers souffler un peu…

GUENIÈVRE. – Mais qu'ils soufflent, qu'ils soufflent…

ARTHUR. – Ce fut une quête épuisante.

GUENIÈVRE. – Ça, j'imagine bien ! *(En aparté)* Surtout pour revenir les mains vides…

ARTHUR *(en voyant la table).* – Qu'est-ce que cela ?

MORGANE. – Une table, mon frère.

ARTHUR. – Je vois bien, mais elle est carrée. *(À Guenièvre)* Pourquoi ?

Guenièvre hausse les épaules

ARTHUR. – Mais ce n'est pas possible. Galaad, Lancelot, vous avez vu cette table ?

GALAAD, LANCELOT. – Oui, Seigneur.

ARTHUR. – Et rien ne vous choque ?

GALAAD, LANCELOT. – Non, Seigneur.

ARTHUR. – Galaad, Lancelot…

GALAAD, LANCELOT. – Oui, Seigneur ?

ARTHUR. – Je suis le roi Arthur et vous êtes les chevaliers de…

LANCELOT. – Euh… les chevaliers… euh… du roi Arthur.

GALAAD. – Euh… les chevaliers… euh… sans peur et sans reproche.

ARTHUR. – Pas étonnant que je ne trouve pas le Graal avec ces crétins ! *(En articulant)* Les chevaliers de la Table ronde !

GALAAD, LANCELOT. – Ah !!!!

ARTHUR. – Et cette table est… carrée !

GALAAD, LANCELOT. – Ah !!! Et alors ?

GUENIÈVRE. – C'est fâcheux, vraiment fâcheux. Décidément, vous n'avez pas de chance en ce moment mon époux.

ARTHUR. – Morgane, fais quelque chose ou je vais craquer.

MORGANE. – Sire, je ne vais pas perdre mon temps à faire d'une table carrée une table ronde. Demandez plutôt au le menuisier !

ARTHUR. – Eh bien, allez donc me le chercher !

GUENIÈVRE. – Je vais envoyer Bertille. *Elle sort.*

ARTHUR. – Réflexion faite, je vais y aller moi-même, je suis entouré d'une bande d'incapables. Galaad ! Lancelot ! avec moi !

Arthur sort, suivi de Galaad, tandis que Lancelot fait le tour de la table en essayant de voir comment il pourrait la rendre ronde.

Scène 4
Morgane, Lancelot, Blanche-Neige et Chaperon rouge
Blanche-Neige et Chaperon entrent en scène.

CHAPERON ROUGE. – Bonjour, nous sommes désolées de vous déranger, mais nous nous sommes égarées et une servante nous a conduites jusqu'ici pour voir la reine.

BLANCHE-NEIGE *(à Morgane)*. – Vous êtes la reine ?

MORGANE. – Non, je suis la fée Morgane, sœur du roi Arthur. Et vous ?

CHAPERON ROUGE. – Je suis le Chaperon rouge qui voulait être bleu et voici mon amie Blanche-Neige. Vous êtes une vraie fée ?

MORGANE. – Une vraie de vraie.

CHAPERON ROUGE. – Gentille ou méchante ?

MORGANE. – Ça dépend à qui j'ai affaire.

Blanche-Neige a aperçu Lancelot et semble sous le charme

CHAPERON ROUGE *(à Blanche-Neige)*. – Tu entends Blanche ? C'est une fée. Elle pourrait peut-être nous aider à sauver ma grand-mère… Blanche *(elle lui tape sur le bras)* Ouh, ouh !

BLANCHE-NEIGE *(en montrant Lancelot)*. – Regarde-le, on dirait le prince charmant.

CHAPERON ROUGE. – Mouais… Je le voyais plus charmant, ton prince ; celui-là a l'air un peu stupide.

BLANCHE-NEIGE. – Non, il est parfait. *(À Lancelot.)* Vous êtes le prince charmant ?

LANCELOT. – Je suis Lancelot du Lac, chevalier de la table… Dites, votre prince a besoin d'une table ronde ou carrée ?

CHAPERON ROUGE. – Tu vois bien qu'il est idiot !

BLANCHE-NEIGE. – Je ne sais pas. En tout cas, il lui faut un cheval. Vous en avez un ?

LANCELOT. – Oui, un cheval blanc.

BLANCHE-NEIGE. – Tu entends, Chaperon ? Il a un cheval blanc. Ça t'embête si je reste ici, un peu, pour voir si c'est le bon…

MORGANE. – Je crois que votre amie est sous le charme de ce brave Lancelot.

CHAPERON ROUGE. – Hélas, nous étions en route pour sauver ma grand-mère des griffes d'un loup. Et toute seule, je ne sais pas si je vais y arriver.

MORGANE. – Je dois me rendre en Orient pour apprendre le secret des plantes et des épices, mais, en chemin, je peux t'aider à te débarrasser du Loup.

CHAPERON ROUGE. – Et moi qui croyais que les fées n'existaient pas, ni les méchants loups, ni les sorcières. Quelle histoire !

BLANCHE-NEIGE *(en regardant Lancelot).* – Une belle histoire.

LANCELOT. – C'est vraiment bête qu'elle soit carrée, cette table.

Le rideau se ferme. Musique.

☙ *Ce n'est pas que je m'ennuie,
mais j'ai des grimoires à consulter.* ☙

ACTE 6

En avant-scène, devant le rideau fermé.

Scène 1
Morgane et Chaperon rouge

CHAPERON ROUGE. – Es-tu une vraie fée ?

MORGANE. – Comment ça, une vraie fée ?

CHAPERON ROUGE. – Tu sais lancer des sorts ? Es-tu immortelle ? Tu peux transformer les cailloux en bonbons ? *(Fixant Morgane)* On dit que les fées sont belles… Toi, tu n'es pas très belle, pour une fée.

MORGANE. – Et toi, tu es bien curieuse et insolente. Cela pourrait te jouer des tours.

CHAPERON ROUGE. – Oui, mais en attendant, on marche, et tu ne sais pas où nous allons.

MORGANE. – Tais-toi donc un peu. *(Elle ferme les yeux et pose ses mains sur ses tempes.)*

CHAPERON ROUGE. – Tu n'as pas de boule de cristal ?

MORGANE. – Silence !!!

CHAPERON ROUGE. – Très bien. *(À voix basse.)* C'est quand même bien pratique une boule de cristal.

MORGANE *(elle désigne une direction).* – Prenons par là et ne traîne pas, j'ai suffisamment perdu de temps avec toi. *Elles sortent.*

Scène 2
Le Loup
Il entre, s'arrête pour renifler

LE LOUP. – Ça sent la chair fraîche par ici… ou par là… C'est énervant, à la fin, toutes ces odeurs qui se mélangent. *(Il fouille dans sa poche)* Ah ! mes cailloux ! *Il sort laissant des cailloux derrière lui et en reniflant.*

Scène 3
La petite sœur
Elle entre en scène, regarde un peu partout.

PETITE SŒUR. – Chaperon ? Chaperon ? Tu es où ? *(Apercevant les cailloux, elle se baisse.)* Des cailloux… C'est certainement Chaperon qui les a laissés pour que je la retrouve. Elle est gentille, quand même. Chaperon ? Chaperon ? Ouh, ouh ! *Elle sort, en suivant les cailloux.*

ACTE 7

Dans un palais des Mille et Une Nuits.

Scène 1
Génie, Aladdin

GÉNIE *(tourne en rond sur la scène).* – Ah ! c'était le bon temps… Là, là, là, là, là… Mais c'est fini. Je suis un génie, moi ! J'exauce des vœux ! Et maintenant, rien, pas le moindre petit commencement du début d'un vœu. *(En s'adressant à un tapis roulé :)* Et tu sais pourquoi, tapis ? Parce que mon maître Aladin ne désire plus rien. Et tu sais pourquoi ? Parce qu'il a trouvé… le bonheur. Il est amoureux. Résultat : il est comblé et moi au chômage !

Aladdin entre en scène.

ALADDIN. – Ah ! génie ! Je te cherchais…

GÉNIE *(en aparté)*. – Enfin une mission ! *(Il se précipite aux pieds d'Aladin.)* Le Jeune Maître a un vœu à formuler ?

ALADDIN. – Non, génie.

GÉNIE. – Même pas un petit ?

ALADDIN. – Non, je t'assure. Tout est parfait.

GÉNIE. – Un minisouhait ?

ALADDIN. – Mais, non, tu m'ennuies à la fin. Je cherche Jasmine.

GÉNIE *(en exagérant)*. – Bouh !!! Je ne sers plus à rien.

ALADDIN. – Arrête de te plaindre…

GÉNIE. – Hélas, maintenant le Maître n'a plus besoin de moi…

ALADDIN. – Tu exagères, génie.

GÉNIE. – Bouh !!! Je n'ai plus qu'à me jeter du haut de la plus haute tour du palais.

ALADDIN. – Allez ! Arrête ces enfantillages… Et puis, tu es libre maintenant, tu n'es plus obligé d'exaucer des vœux.

GÉNIE. – Mais je suis un génie, je ne sais rien faire d'autre.

ALADDIN. – Et si tu en profitais pour voyager, découvrir le vaste monde.

GÉNIE *(prenant le tapis sous le bras).* – Viens, tapis. Puisqu'on nous chasse, quittons le pays.

ALADDIN. – Allez, tu n'es pas obligé de partir, tu sais. C'est juste que si tu t'ennuies…

GÉNIE. – Vrai de vrai ? on peut rester ? Tu entends, tapis ? On ne nous chasse plus.

ALADDIN. – Là, tu exagères Génie, je ne t'ai pas chassé…

GÉNIE *(en serrant Aladdin dans ses bras).* – Merci, Maître. Pour te montrer ma gratitude, je peux exaucer un vœu… un tout petit…

ALADDIN. – Génie, tu es incorrigible !

Scène 2
Génie, Aladdin, Jasmine

JASMINE. – Aladdin ! Te voilà !

ALADDIN. – Jasmine ! Enfin !

Ils s'enlacent.

GÉNIE *(en aparté).* – Gna, gna, gna… C'est comme ça du matin au soir… *(Il s'enlace lui-même.)* Aladdin, Jasmine… Jasmine, Aladdin…

JASMINE *(prenant Aladdin à part pour lui parler à voix basse).* – Pour notre voyage, mon père accepte de nous prêter son éléphant préféré. *(En regardant le tapis.)* Il préfère que le tapis volant reste avec le génie.

GÉNIE. – On parle de moi ?

ALADDIN. – Non, pas du tout. *(À voix basse :)* Tu as raison, il se sentira moins seul.

GÉNIE. – Qui sera moins seul ? Et que vient faire le tapis dans l'histoire ?

JASMINE. – Écoute génie. Aladdin et moi allons partir quelques semaines en voyage. Et mon père a pensé que…

GÉNIE. – Quoi ? En voyage ? Sans moi ?

ALADDIN. – C'est notre lune de miel, génie. Tu ne peux pas nous accompagner.

JASMINE. – Il n'y aura pas de vœux à exaucer, de toute façon.

GÉNIE *(avec dignité)*. – J'ai compris, je suis de trop. *(Il prend le tapis.)* Viens tapis, puisqu'ON n'a plus besoin de nous. Quittons dignement les lieux ! *(Il sort en tournant ostensiblement le dos à Jasmine et Aladdin.)*

JASMINE. – Il a vraiment l'air fâché.

ALADDIN. – Il faut le comprendre, il se sent inutile. Du coup, il déprime.

JASMINE. – On ne peut tout de même pas l'amener partout avec nous.

ALADDIN. – Tu sais comment il est, à toujours vouloir rendre service.

Scène 3

Jasmine, Aladdin, Chaperon rouge, Morgane

Chaperon rouge et Morgane entrent en scène.

CHAPERON ROUGE. – Si vous étiez une vraie fée, nous ne nous serions pas perdues.

MORGANE. – Et si tu te taisais un peu, je pourrais me concentrer.

CHAPERON ROUGE. – Eh bien ! ce n'est pas comme ça qu'on va sauver ma grand-mère !

MORGANE. – Si tu continues, petite effrontée, c'est toi que tu devras sauver *(en menaçant Chaperon rouge)* de ma colère.

CHAPERON ROUGE *(à Jasmine)*. – Bonjour, je suis le Chaperon rouge qui voudrait être bleu et voici la « fée » *(elle mime des parenthèses avec ses doigts)* Morgane. Nous étions dans la forêt et… nous nous retrouvons ici.

ALADDIN. – Comment est-ce possible ?

JASMINE. – C'est de la magie.

MORGANE. – Vous ne pensez pas si bien dire. En réalité, je souhaitais tellement me rendre en Orient que, par magie, nous y voilà.

JASMINE. – Vous devez certainement être une magicienne puissante.

MORGANE. – Plus que vous sauriez l'imaginer. Toutefois, je ne connais pas tous les secrets de votre étrange contrée.

ALADDIN. – Alors, vous êtes la bienvenue en notre palais et vous pouvez rester aussi longtemps que vous le désirez.

JASMINE. – Vous pourriez tenir compagnie au génie pendant notre absence.

ALADDIN. – Excellente idée ! Je vais le chercher pour lui annoncer la bonne nouvelle.

Aladdin sort.

Scène 4
Jasmine, génie, Chaperon rouge, Morgane

MORGANE. – Un génie ? Comme ces petits personnages qui habitent dans une lampe et exaucent des vœux ?

Le génie entre précipitamment.

GÉNIE. – Un vœu ? Qui a parlé de vœu ?

CHAPERON ROUGE. – Dans une lampe, c'est n'importe quoi !

JASMINE. – Le nôtre a quitté la sienne. Il est libre, maintenant, n'est-ce pas génie ?

GÉNIE. – Oui, libre de réaliser tous les vœux.

MORGANE. – Je crois que je vais accepter votre aimable invitation.

CHAPERON ROUGE. – Et moi ? Et ma grand-mère ? Et le Loup? Vous n'allez plus m'aider ?

MORGANE. – Non.

CHAPERON ROUGE. – Mais vous aviez dit que...

MORGANE – Tu as lassé ma patience. Puisque tu es aussi futée, tu trouveras bien un moyen toute seule.

JASMINE. – Et de quoi s'agit-il ? Peut-être pouvons-nous t'aider ?

MORGANE. – Bon courage !

CHAPERON ROUGE *(à Morgane)*. – Na, na, na ! *(À Jasmine.)* Je devais aller voir ma grand-mère malade, mais je me suis perdue dans la forêt où habite un loup, méchant, qui pourrait la dévorer.

JASMINE. – Une grand-mère ? Un loup ? Une forêt ? Ce n'est pas très clair.

MORGANE. – C'est le problème avec les enfants.

CHAPERON ROUGE. – Vous, la fée... Pouet pouet !

GÉNIE. – Mais c'est très clair. Cette jeune fille veut qu'on l'aide à... *(À Chaperon rouge.)* Que veux-tu exactement ?

CHAPERON ROUGE. – Que quelqu'un m'aide à sauver ma grand-mère des griffes d'un loup.

GÉNIE. – Est-ce que c'est ton vœu le plus cher ?

CHAPERON ROUGE. – Je ne sais pas si c'est le plus cher… mais en tout cas, je n'ai pas d'argent !

GÉNIE. – Mais qui te parle d'argent ? C'est bien ton vœu ?

CHAPERON ROUGE. – Euh… Oui.

GÉNIE *(en criant)*. – Yes ! Yes ! Yes ! J'en tiens un. Tu entends, Jasmine ?

JASMINE. – Oui, génie.

Le génie se met à danser, puis il s'arrête, contrarié.

GÉNIE. – Que va dire Maître Aladdin, si je pars ?

JASMINE. – Il sera ravi pour toi, génie. Et le temps que tu mènes à bien cette mission et que tu reviennes, nous serons rentrés de voyage.

CHAPERON ROUGE. – C'est vrai ? Vous allez m'aider ? *(À Morgane)* Lui, il est gentil, au moins, et amusant.

MORGANE. – Il ne s'amusera pas longtemps avec toi, le pauvre.

On entend de la musique, le génie se met à danser et il sort, entraînant le chaperon rouge à sa suite. Rideau.

ଔ *Est-ce ton vœu le plus cher ?* ଔ

ACTE 8

En avant-scène, devant le rideau fermé.

Scène 1
Régina et la sorcière

REGINA. – Ça fait bien longtemps qu'on marche. Je suis fatiguée et j'ai mal aux pieds. Je pensais que tu connaissais cette forêt…

SORCIÈRE. – Je la connais comme ma poche.

REGINA. – Eh bien, ce doit être un sacré bazar, dans ta poche. Je suis sûre que je suis toute décoiffée. Et puis j'ai mal aux pieds.

SORCIÈRE. – Tu n'es pas d'une grande aide, toi non plus. Tu ne fais que te plaindre !

REGINA. – Je n'aime pas aider les gens, même mes amis. Et puis j'ai l'habitude d'être servie, pas de servir.

SORCIÈRE. – Et moi, si ça continue, je n'aurai rien à servir au repas, ce soir.

Elles sortent.

ACTE 9

Dans la forêt, une grande table en bois est dressée près de la maison de la grand-mère.

Scène 1
Loup, grand-mère, petite sœur
Ils sont en train de manger.

GRAND-MÈRE. – Tu veux encore un peu de salade de pommes de terre, Loup ?

LOUP. – Bien volontiers, grand-mère. Elle est succulente.

GRAND-MÈRE. – Bien meilleure que la chair fraîche ! *(À la petite sœur)* Et toi, mon enfant ?

PETITE SŒUR *(en tendant son assiette).* – Oui, merci, Grand-Mère.

LOUP. – Je n'en pouvais plus de toutes ses viandes… Rouge, blanche, jeune, moins jeune…

GRAND-MÈRE. – Vieille, tu veux dire ! Alors tant mieux pour moi. Sans compter que plus personne n'aura peur de toi.

LOUP. – Je pourrai enfin avoir des amis. Ce sera tellement bien d'avoir des amis pour jouer avec.

PETITE SŒUR. – Alors tu es devenu gentil, Loup ? Tu ne manges plus les gens ?

LOUP. – Vous voyez, c'est cette image négative que je veux effacer.

GRAND-MÈRE. – C'est tout à ton honneur, Loup, et je te trouve bien courageux.

LOUP. – Ce n'est pas du courage, mais un besoin de changer de vie. *(En se tapant le ventre)* Et surtout de régime. Fini les digestions difficiles, le ventre lourd *(en agitant la main devant son nez)* et les mauvaises odeurs.

GRAND-MÈRE. – Bien, qui voudra de la tarte, après ? Elle est aux pommes, celles qui poussent dans mon verger.

LOUP. – Moi, avec plaisir… Dites, vous pourrez y ajouter un peu de crème et une boule de glace à la vanille ?

PETITE SŒUR. – Moi aussi ! moi aussi ! je veux du gâteau ! Et de la crème, et de la glace !

Scène 2
Les mêmes, Chaperon rouge, génie

Chaperon rouge et le génie (qui porte un turban) entrent en scène.

CHAPERON ROUGE *(s'adressant au génie)*. – Voici la maison de ma grand-mère et ma grand… Mon Dieu, le Loup! Génie, génie, fais quelque chose ! Il va la dévorer.

GÉNIE *(s'avance vers le loup en bombant le torse)*. – Par le pouvoir de la lampe ancestrale…

GRAND-MÈRE *(se mettant devant le loup)*. – Mais non, mais non ! il n'est plus méchant !

LOUP. – Je vous assure, je ne mange plus personne… Juste de la salade de pommes de terre et de la tarte aux pommes.

CHAPERON ROUGE. – C'est quoi, cette histoire de salade ?

LOUP. – Ce ne sont pas des salades, c'est la vérité.

GÉNIE *(toujours en bombant le torse)*. – Par le pouvoir de la lampe ancestrale…

PETITE SŒUR. – Moi aussi ! moi aussi ! je veux une lampe ancestrale !

CHAPERON ROUGE *(à sa sœur)*. – Comment es-tu arrivée chez grand-mère, toi ?

PETITE SŒUR. – J'ai suivi des cailloux blancs.

GRAND-MÈRE. – Oui, c'est le loup qui, ayant peur de se perdre, les avait semés.

PETITE SŒUR. – Dis, Loup, moi aussi je pourrais avoir des cailloux ?

GÉNIE. – Euh… Chaperon, j'ai un tout petit problème. Insignifiant.

CHAPERON ROUGE. – Quel problème ?

GÉNIE. – J'exauce des vœux pour faire plaisir. Je n'ai jamais tué personne et encore moins un loup qui mange de la salade de pommes de terre.

CHAPERON ROUGE. – Comment ça, tu n'as jamais tué personne ?

GRAND-MÈRE. – Tu ne voulais tout de même pas que ce monsieur avec son drôle de chapeau tue le Loup ?

CHAPERON ROUGE. –Bien sûr que si, puisque c'est le méchant de notre histoire.

PETITE SŒUR. – Il n'est plus méchant, il ne mange que de la salade de pommes de terre.

LOUP. – Oui, enfin je peux manger d'autre chose aussi…

CHAPERON ROUGE. – Vous voyez, ce loup est dangereux. Génie tu m'as menti.

GÉNIE. – Oui… et non. *(Il se met à pleurer.)* J'étais tellement déprimé, Aladdin amoureux, plus de vœux à exaucer… Je me suis dit que changer d'air me ferait du bien…

CHAPERON ROUGE. – Tu as profité de ce que j'avais besoin d'aide pour t'offrir des vacances. Bravo !

GÉNIE *(pleurant de plus belle)*. – Tu as raison, je suis un misérable. Aladdin et Jasmine me manquent tellement, bouh !!!!

GRAND-MÈRE. – Il suffit ! Taisez-vous tous ! Asseyez-vous comme des personnes civilisées. Je vais chercher le dessert. *(À chaperon.)* Et ne t'avise pas de t'en prendre au Loup. *La grand-mère sort.*

Scène 3

Loup, grand-mère, petite sœur, Chaperon rouge, génie, Galaad, Blanche-Neige.

CHAPERON ROUGE. – Comme des personnes civilisées… C'est quand même un loup !

PETITE SŒUR. – Oui, mais c'est un loup gentil, pas vrai ?

LOUP. – C'est vrai, je ne mange plus de viande.

GÉNIE *(pleurant de plus belle)*. – Bouh !!!

Galaad entre en scène en courant.

GALAAD. – Bonjour… Je suis confus de vous déranger… Je cherche une cachette, un endroit où elle ne pourra pas me trouver.

CHAPERON ROUGE. – Bonjour, je suis Chaperon rouge qui aurait aimé être bleu, voici ma petite sœur, le Loup et un génie menteur.

GALAAD. – Un génie ? Excellent !! Vous pourriez m'aider à me débarrasser d'une princesse encombrante ?

GÉNIE. – Non mais, c'est une manie, je ne tue personne, moi ! Je suis trop déprimé pour quoi que ce soit d'ailleurs. Bouh !!!

LOUP. – Et moi, je ne mange plus personne. Ce n'est pas la peine de me demander.

PETITE SŒUR *(à Galaad)*. – Toi aussi, tu as suivi les cailloux blancs ?

On entend la voix de Blanche-Neige en coulisse : « Ouh, ouh ! Galaad ! »

GALAAD. – La folle ! Cachez-moi ! *Il se cache derrière une chaise.*

Blanche-Neige entre en scène.

BLANCHE-NEIGE. – Mon Prince ! Ouh, ouh ! *(Voyant Chaperon rouge)* Chaperon, quelle belle surprise ! Que fais-tu ici ?

CHAPERON ROUGE *(en désignant l'endroit par où est sortie sa grand-mère)*. – Ma grand-mère habite cette maison.

BLANCHE NEIGE *(ne l'écoutant pas)*. – Tant mieux… Tant mieux… Dis, tu n'aurais pas vu mon prince charmant ?

CHAPERON ROUGE. – Lancelot ?

BLANCHE-NEIGE. – Non Galaad. Lancelot n'est plus mon amoureux. Il a disparu.

CHAPERON ROUGE. – Disparu ?

GALAAD *(en aparté)*. – Tu m'étonnes, il en a eu marre. Mon Lancelot par ci, mon Lancelot par là. Et tu m'aimes, mon Lancelot ?

BLANCHE-NEIGE. – Oui, mais j'ai trouvé un autre prince encore plus charmant, Galaad. *(En minaudant)* Ouh, ouh ! Galaad !

PETITE SŒUR. – Moi aussi ! moi aussi ! je veux un prince charmant !

BLANCHE-NEIGE *(en voyant le loup)*. – Oh ! un loup ! C'est toi, le méchant de l'histoire du Chaperon rouge ?

LOUP. – Non, je suis devenu gentil, depuis que je suis un régime sans viande.

GRAND-MÈRE *(entre en scène)*. – Voici la tarte aux pommes !

GÉNIE. – Une tarte? Pfui !!! J'aurais pu en faire apparaître une, si seulement on me l'avait demandé. Bouh !!

BLANCHE-NEIGE. – Chouette ! de la tarte ! Ça me donne toujours faim, de chercher mon prince charmant. *(Au loup :)* Je peux m'asseoir à côté de toi ? J'ai toujours aimé les loups, j'en voulais un quand j'étais petite.

LOUP. – Bien volontiers, pour une fois que quelqu'un n'a pas peur de moi.

GRAND-MÈRE *(en voyant Galaad)*. – Voyons, jeune homme, que faites-vous caché ?

BLANCHE-NEIGE. – Galaad ! Enfin te voilà ! Viens près de moi !

CHAPERON ROUGE. – Grand-Mère, je te présente mon amie Blanche-Neige et Galaad… son prince charmant.

Scène 4
Loup, Grand-Mère, Petite Sœur, Chaperon rouge, Génie, Galaad, Blanche-Neige, Arthur, Morgane.
Arthur et Morgane entrent en scène.

GÉNIE. – Tiens, voilà encore de la compagnie !

GALAAD. – Monseigneur ! quelle joie de vous voir ! *(Aux autres)* Je vous présente le roi Arthur et la toute puissante fée Morgane.

CHAPERON ROUGE. – Euh... puissante... puissante... Une fée qui se perd dans la forêt...

MORGANE. – La petite peste rouge, ici !

LOUP. – Un roi, une fée... C'est fou le monde que je peux rencontrer depuis que je ne mange plus personne.

GRAND-MÈRE. – Messieurs, quel honneur ! Voulez-vous une part de tarte ?

ARTHUR. – Non merci, vieille femme. Le temps presse, je suis à la recherche de mes chevaliers, pour mener une quête. J'ai pu suivre la trace de mon brave Galaad avec l'aide de Morgane...

BLANCHE-NEIGE *(s'accroche à Galaad)*. – Non et non !! Il n'est pas question que Galaad parte !

GÉNIE *(à la fée Morgane)*. – Je vous croyais au palais de mon maître Aladdin ?

MORGANE. – C'est un fait, mais j'ai senti qu'Arthur avait besoin de moi. Quelle mauvaise sœur je ferais si je n'aidais mon frère.

ARTHUR. – Il nous faut maintenant retrouver mon fidèle Lancelot pour mener à bien notre quête.

GÉNIE. – Une quête ? Une quête... C'est un peu comme un vœu, non ? Vous n'avez pas besoin d'un génie ?

ARTHUR. – Pourquoi pas ? Toute aide est la bienvenue.

GÉNIE. – Merci, merci, mille fois merci !

MORGANE *(à Arthur)*. – Mais tu as déjà la plus redoutable des fées à tes côtés.

PETITE SŒUR. – Moi aussi ! moi aussi ! je veux une fée !

CHAPERON ROUGE. – Tais-toi donc ! Tu ennuies tout le monde, à la fin !

PETITE SŒUR *(lui tirant la langue)*. – T'es méchante, je le dirai à maman !

Scène 5
Loup, Grand-Mère, Petite Sœur, Chaperon rouge, Génie, Galaad, Morgane, Blanche-Neige, Arthur, Régina, sorcière.
Régina et la sorcière entrent en scène.

RÉGINA. – Tu es sûre de ton chemin, sorcière. J'ai l'impression qu'on tourne en rond.

SORCIÈRE. – Non, Régina, fais-moi confiance. *(En désignant la table et les convives)* Regarde qui est assise à cette table !

GRAND-MÈRE. – Décidément, il en passe du monde, dans cette forêt.

LOUP. – Je n'aurais peut-être pas dû semer ces cailloux. Il ne va pas y avoir assez de tarte.

RÉGINA *(autoritaire)*. – Blanche-Neige !!!

BLANCHE-NEIGE *(en se cachant dans les bras de Galaad)*. – Mon Dieu ! ma belle-mère !

GALAAD *(la repoussant)* – La voilà qui me colle encore…

CHAPERON ROUGE. – Aïe ! aïe ! aïe ! La méchante reine.

RÉGINA. – Blanche-Neige, rentre à la maison tout de suite.

BLANCHE-NEIGE. – Non, vous allez me tuer.

RÉGINA *(d'une voix mielleuse)*. – Quelle idée ! Viens donc voir ta maman, ma chérie.

CHAPERON ROUGE. – Blanche-Neige dit vrai, je vous ai entendue comploter avec la vilaine sorcière. Génie, rends-toi utile.

GÉNIE *(se levant)*. – Je suis Agnar, le plus grand génie d'Orient, et par le pouvoir de la lampe ancestrale, je vous somme de laisser ces jeunes filles tranquilles.

D'un geste de la main, Régina endort le génie.

ARTHUR *(dégainant son épée)*. – Je suis le roi Arthur, fils d'Uther Pendragon, et je vous somme de laisser ces jeunes filles tranquilles.

D'un geste de la main, Régina endort Arthur.

RÉGINA. – Blanche-Neige, dépêche-toi un peu, je perds patience !

SORCIÈRE. – Et moi je commence à avoir très très faim.

BLANCHE-NEIGE. – Il est hors de question que je serve de plat principal. Et toi, Galaad, tu ne fais rien pour me protéger ?

GALAAD. – C'est-à-dire que… Je n'avais pas prévu de… Enfin…

BLANCHE-NEIGE. – Tu parles d'un preux chevalier !

PETITE SŒUR. – Moi aussi ! moi aussi ! je veux un preux chevalier !

CHAPERON ROUGE. – Dites, la méchante reine, vous ne pourriez pas endormir ma sœur ?

SORCIÈRE. – On peut aussi la manger, si tu veux.

CHAPERON ROUGE *(se place devant sa sœur pour la protéger)*. – Mais, je ne veux pas que vous mangiez ma petite sœur… Juste qu'elle dorme un peu.

LOUP. – Pour une fois que quelqu'un est gentil avec moi, je ne vais pas le laisser dans les griffes de cette sorcière. *(À Grand-Mère)* Grand-mère, verriez-vous un inconvénient à ce que je fasse une légère entorse à mon nouveau régime ?

GRAND-MÈRE. – Non, Loup. Au contraire, je n'y verrais que des avantages pour tout le monde !

LOUP. – Alors, je peux ?

GRAND-MÈRE. – Je t'en prie.

Le Loup bondit en rugissant et se précipite sur Régina pour la dévorer. Noir. On entend des cris, des rugissements.

FIN

Du même auteur

L'Inspecteur Qui, *création 2015*
Le Discours, *création 2016*
Meurtre à l'hôtel Bellegarde, *création 2018*
6000 signes, *création 2018*
La Grand-Place, *création 2019*
Votre mort est notre affaire, *création 2019*
Pièces détaillées, *création 2020*
La mort est au bout du rail, *création 2021*

Jeunesse

Il était une fois… ou pas, *création 2017*
La Vengeance d'Argadel le sorcier, *création 2022*

www.elisa-autrice.com

AVIS IMPORTANT

Cette pièce fait partie du répertoire de la Société des auteurs et compositeurs dramatiques (sacd.fr). Elle ne peut être jouée sans autorisation.

© 2021, Élisa Bligny-Guicheteau,
www.elisa-autrice.com
Loi n°49-956 du 16 juillet 1949 sur les publications destinées à la jeunesse : novembre 2021
Édition : BoD – Books on Demand,
12-14, rond-point des Champs-Élysées, 75008 Paris
Impression : BoD – Books on Demand,
Norderstedt, Allemagne

ISBN 978-2-3223884-2-4

Dépôt légal : novembre 2021